शांत बदरा

डॉ मीनू पूनिया

pencil

ISBN 978-93-5667-352-6

Published in India 2023 by Pencil

Contributors:
Editor: Rajesh Poonia
Editor: Rajesh Poonia
Editor: Rajesh Poonia

A brand of
One Point Six Technologies Pvt. Ltd.
123, Building J2, Shram Seva Premises,
Wadala Truck Terminal, Wadala (E)
Mumbai 400037, Maharashtra, INDIA
E connect@thepencilapp.com
W www.thepencilapp.com

मैं अपनी इस पुस्तक को अपने आराध्य देव शिव शंकर भगवान को समर्पित करती हूं, जो मुझे हर परिस्थिति में लड़ने की ताकत प्रदान करते है

ॐ नमः शिवाय।

अनुक्रमणिका

** मीनू की परछाई रानू

** शिवोहम रिट्रीट

** हैप्पी, पैंथर या लक्की

** की बोर्ड

** गुलाबी नाखून

** किन्नर के मन की बात

** ठंडी ठंडी ठंडाई

** शौक बड़ी चीज है या मजबूरी

** बावरा मन

** जंगल की दुनिया

** बिल्ली

** बालू का पसीना

** नशा नहीं सुहाना कहर हूं मैं

** अत्याचारी युद्ध

** शादी की वर्षगांठ

** विचित्र उत्सव

** मायूस हुआ गुदड़

** शीतल कूलर

** रजनी कजरारी

** चंचल धूप

** परिवर्तन

** शरारती बूंद

** लहर मेरे मन की

** घास वाला टिब्बा

** मेरी दुआ

** राज संग दीपावली

** निरोग योग

** पर्व गोवर्धन

** नटखट मीनू

** बुलबुला

** फ़्रीज

** याद आयो पहलड़ो जमानो

मेरी कलम से *****

मैंने अपनी इस पुस्तक में विविध विषयों पर अपने हृदय की भावनाओं को कविता रूप में उकेरा है। प्रयास किया है कि आज के इस वैज्ञानिक युग में चल रहे हर एक विषय को अपनी पुस्तक में लिख कर आप सबके समक्ष प्रस्तुत कर सकूं। शिव शंकर भगवान के आशीर्वाद से मेरी स्वरचित लगभग 50 कविताओं का संकलन कर एक पुस्तक का रूप दिया है। आशा करती हूं कि आप सबको यह पसंद आएगी।

डॉ मीनू पूनिया।

डॉ मीनू पूनिया: जीवन परिचय

जन्म: 8 मई 1989

पति: राजेश पूनिया (महासचिव काव्या खेल गांव संस्थान, राजस्थान एवं ए.बी.वी.पी. के पूर्व जिला सहसंयोजक, चुरू)

बच्चे: .काव्या चौधरी, रोमित पूनिया

विधानसभा क्षेत्र: सादुलपुर, चुरू, राजस्थान

भाषाओं का ज्ञान: अंग्रेजी, हिन्दी, गुजराती

मेलआई.डी: meenukumari.poonia2@gmail.com

व्यवसाय: सैन्ट्रल को ऑपरेटिव बैंक जयपुर में कार्यरत ।

मो.न.: 9414421661, 9214421661

<u>डॉ मीनू पूनियां की उपलब्धियों पर एक नजर:</u>

<u>खेल उपलब्धि :</u>

पूर्व 7 साल विमेन नेशनल क्रिकेट टीम की सदस्य,

मार्शल आर्ट वूशु, हनुमानगढ़ में स्टेट पदक विजेता

मार्शल आर्ट सैम्बो, बिहार में नेशनल चैम्पियन,

मार्शल आर्ट जू-जित्सू, केरल, चेन्नई में नेशनल चैम्पियन,

साउथ एशियन अन्तर्राष्ट्रीय चैम्पियनशीप, चेन्नई में रजत पदक

वर्ल्ड रैंकिंग इंटरनेशनल टूर्नामेंट, (बैंकॉक) थाईलैंड में स्वर्ण पदक (कुल 2 पदक)

ऐशियन गेम्स 2018, जकार्ता, इण्डोनेशिया की ट्रायल में द्वितीय स्थान

को ऑप स्पोर्टस, सहकारिता विभाग, राजस्थान में गत 4 साल से चैम्पियन (कुल 10 पदक)

जू-जित्सू ऐशियन चैम्पियनशिप, आबू धाबी में रजत पदक (कुल 2 पदक)

<u>रिकोर्डसः</u>

 इण्डिया बुक ऑफ रिकोर्डस 2017, वर्ल्डकिंग बुक ऑफ रिकोर्डस 2017, नेशन प्राईड बुक ऑफ रिकोर्डस 2019, वर्ल्ड बुक ऑफ रिकोर्डस युनाईटिड किंगडम 2020 ऐशिया बुक ऑफ रिकोर्डस 2021 गिनीज बुक ऑफ वर्ल्ड रिकोर्ड 2021

<u>पुरस्कार एवं सम्मानः</u>

1. वर्ल्ड रिकोर्ड यूनिर्वसिटी लंदन से डॉक्टरेट की मानद उपाधि

2. इण्डियाज ग्रेट लीडर अवार्ड 2018, नई दिल्ली

3. विमेन रिकग्निशन अवार्ड 2015, रेड एफ. एम. 94.3, जयपुर

4. सशक्त नारी सम्मान 2019, जयपुर

5. विमेन ऑफ दी फ्यूचर अवार्ड 2019, जयपुर

6. अभिजना साहित्य सम्मान 2019, नोएडा (यू.पी.)

7. स्व. सुमित्रानंदन पंत स्मृति साहित्य सम्मान 2020, उ.प्रदेश

8. कोरोना वॉरियर्स सम्मान 2020, डी.पी.के.न्यूज जोधपुर

9. हार्वड मैडिकल स्कूल, बोस्तन मैकेनिकल वैंटिलेशन फोर कोविड-19 सर्टिफिकेट 2020

10. काव्य प्रभा कवि सम्मान 2020, उतराखंड

11. राष्ट्र भाषा गौरव सम्मान 2020, नई दिल्ली

12. अनुभूति साहित्य सम्मान 2020, उतराखंड

13. जयपुर रत्न सम्मान 2021, जयपुर

14. साहित्यनामा गौरव पुरस्कार 2021, महाराष्ट्र

15. कोरोना सम्मान Discover Uttarakhand Magazine

16. Dettol Salutes Movement

17. She Inspire Award, Menchester, England

<u>व्यक्तित्व पर लिखे गये लेख एवं पुस्तक:</u>

1. ग्लोबल एलीट मीडिया मैगजीन ऑस्ट्रेलिया,

2. फ्यूचर विजनरी लीडर फॉर India A Biography of Dr Meenu Poonia

3. हरफनमौला मीनू पूनिया

4. भारतीय खिलाड़ी बेटियां

5. ई मैगजीन हर स्त्री एक प्रेरणा

लिखित पुस्तकें

1. मेरे अहसास

2. व्यंग्य की नई धार

3. आत्म जागरूक नारी स्मृद्ध भारत

4. कोरोना काल का काव्य चित्रण

5. सात्विक धारा 2022

6. धुंधली परछाई

7. अभिजना, साझा काव्य संग्रह

8. रिश्तों का ताना-बाना, साझा काव्य संग्रह

9. दिव्य चेतना, साझा काव्य संग्रह

10. अनुभूति, साझा काव्य संग्रह

11. कहानियां, साझा कहानी संग्रह

12. नई आवाज, साझा काव्य संग्रह

13. कोरोना साझा काव्य संग्रह

14. काव्य प्रभा, साझा काव्य संग्रह

15. UNLOCK YOUR PURPOSE HINDI VERSION

शैक्षणिक उपलब्धियां:

बी.ए., बी.एड., स्नातकोतर (1. अंग्रेजी साहित्य 2. हिन्दी साहित्य 3. समाजशास्त्र 4. लोक प्रशासन 5. राजनीतिक विज्ञान), एडवांस डिप्लोमा ईन कम्प्यूटर एप्लीकेशन, सर्टिफिकेट कोर्स इन बैंकिंग एंड इंस्योरेंस लॉ, डिप्लोमा इन सोशल प्रॉब्लम इन राजस्थान, आयरलैंड की संस्था एलीसन से 237 ऑनलाईन कोर्स, विश्व स्वास्थ्य संगठन जेनेवा से कोरोना संबंधित दो ऑनलाईन कोर्स, कुल 250 (डिग्री, डिप्लोमा, सर्टिफिकेट कोर्स)

संस्थाओं में सहभागिताः सहकार भारती, महिला उत्पीड़न शिकायत निवारण कमेटी, आजीवन सदस्य को-ऑप स्पैक्ट्रम, काव्या खेल गांव संस्थान राजस्थान, भारत सरकार के फिट इंडिया मिशन की सक्रिय सदस्य।

अन्य गतिविधियां: दुलर्भ सिक्कों का संग्रहण, रक्तदान, पर्यावरण संरक्षण, मतदान जागरूकता, नशामुक्ति, आत्मरक्षा और शारीरिक फिटनस का प्रशिक्षण

" हाथी गांव "

जयपुर, राजस्थान के आमेर क्षेत्र में
एक प्यारा सा हाथी गांव बसता है
जैसा कि इसके नाम से ही विदित है
यहां छोटा बड़ा हर हाथी हंसता है,
बीहड़ में कलभ उछल कूद करते
कभी कभी कांटा भी चुभता है
तरण ताल में तब हाथी मारें गोते
जब उनका पैर मिट्टी में धंसता है,
कंटीले रास्तों पर करें हाथी सवारी
हर वर्ग का मन सोच कर मचलता है
महावत निर्देशित करें सवारी को
होले होले से तब हाथी सरकता है,
विशालकाय हाथी जब झूम कर चले
अंग अंग तब गजराज का मटकता है
बचपन करता गज काया पर चित्रकारी
सजा हुआ आसन नीचे तक लटकता है,
शीघ्र ही हमसे घुल मिल जाता हाथी
प्रफुल्लित होकर वह सूंड लहराता है
दहाड़ की आवाज बच्चों के मन भाती
जब वह दांतों तले गन्ने गटकाता है।

" अखंड ज्योत "

आ जाओ सारे आकर बैठो मेरे पास

अखंड ज्योत की मैं कथा सुनाऊं

कोरोना अवधि में आया था नवरात्रा

उसी समय का आज जिक्र कर जाऊं,

कलश स्थापना को उत्साहित थी मीनू

माता रानी का दरबार सुसज्जित किया

अखंड ज्योत रखने का मन था मेरा

सेवा में उसके सारा ध्यान लगाया,

समस्त सामग्री बाजार से खरीदकर

पूजा अर्चना करने को पांडाल सजाया

फलाहार से शुरू किए नवरात्र उपवास

बैंक ड्यूटी से अवकाश स्वीकृत कराया,

श्रद्धा भक्ति से अखंड ज्योत स्थापित की

हाथ जोड़ पूनिया परिवार ने उपवास रखा

सुबह शाम बस मां भवानी का नाम

मधुर भजनों से वातावरण शुद्ध किया,

बिस्तर त्यागने का तो पहले से ही था विचार

मां भवानी के चरणों में बिछौना लगाया

तालियों की गड़गड़ाहट संग बच्चे करें आरती

धूप अगरबत्ती ने माहौल आध्यात्मिक बनाया।

" ना रही पहले आली हवा "

पहले जैसा गाम रहा ना

ना पहले जैसा बाणा

बाजरे की रोटी भूले हम

बर्गर हो गया खाणा,

लस्सी, दही की हांडी फूटी

मन भाया कोलड्रिंक जंचाणा

देशी दूध की फितरत भूले

बस बोर्नविटा, हॉर्लिक्स मिलाणा,

होली, दिवाली की रौनक फीकी

बदल्या यारां का फोन मिलाणा

काम पड़े जब ही बात करणी

भूल गए ड्वाली टेम बिताणा,

डाक मारें स्विमिंग पूल मैं

खू गया जोहड़ का नहाणा,

जग आर किटली जगहां छोड़गी

लाग्या थैली मैं दूध मंगाणा,

अलूणी घी की सुगन्ध भूल्या

शुरू डेयरी घी रोटियां कै लगाणा

फाग आली ईब मस्ती रही ना

ना रहया भाभी का कोरड़ा गिरकाणा,

जांडी नीचे आली रोटी भी खुगी

ना दिखे गजबण का टोकणी ड्वाणा

गोबर आला बड़कुला खुग्या

बस चसबूझ तैं काम चलाणा,

मोम आली मोमबत्ती भी लुखगी

शुरु डिजिटल चांदणा कराणा

दीवा, बाती ईब बासी मारें

चालू बैटरी तैं रास्ता दिखाणा,

चप्पल, जूती कूण मैं सड़गी

बस फैशन मैं सबने लहराणा

दामण, चुंदड़ी फोटुआ मैं लुखगी

मोरकां की पैंट पहरकीं दिखाणा,

डफ आर ढोलक कोनी बाजे ईब

बस डीजे का रिमिक्स गाणा

गत्ता आर बीजणा भी खुग्या

लाग्या एसी तैं मौसम बदलाणा,

घूंघट की फटकार रही ना

ना लुगाइयों का गीत गाणा

मास्टरां की वा मार रही ना

ना टाबरां का खोआ मटकाणा,

छांद आली पॉली रही ना

ना ट्यूबल तैं पाणी भरके लाणा

सांस आर हवा सारी होगी बनावटी

लागै न्यू जणु घुट घुट की मर जाणा,
सिली सिली बाल आर कच्ची गाल होंदी
याद बहोत आव भीनू कै जमाना पुराणा
हे भगवान फेर तैं उसा ए गाम बणादे
शुरू होगा सै ईब आंखयां तैं पाणी आणा।

" अद्भुत, निराला करवा चौथ "

आज आप संग बात कर रही मैं

अद्भुत, निराले करवा चौथ की

कार्तिक मास में चतुर्थी को आता

सुहागिनों के निर्मल मौन व्रत की,

प्रभात में उठकर करें सब तैयारी

करवा रख कर सजाएं पूजा का थाल

करें पति के स्वस्थ जीवन की कामना

सिंदूर से महकाएं अपना अपना भाल,

पतियों को भी आज खूब रिझाए

पवित्र सुहागिनों के मन की चंचलता

विवाहित जोड़े की आखों को सुहाए

शीतल रात की फैली चांदनी निर्मलता,

नवविवाहित जोड़े ज्यों आकर्षण होता

पति पत्नी का आज जवां होता प्यार

कार्य, व्यापार, ऑफिस सब छोड़ पति

आशीर्वाद देकर पत्नी का करे उद्धार,

इस पावन पर्व करवा चौथ का

मीनू भी करती है बेसब्री से इंतज़ार

सोलह श्रृंगार से सजकर मचलती

राज संग करे फिर चांद का दीदार।

" कलम "

रंग रूप और भिन्न आकार

लिखने का मैं करती काम

छोटी बड़ी और रंग बिरंगी

मीनू मेरा कलम है नाम,

प्राचीन ग्रंथों की बनावट में

मैंने ही तो लिखा था श्री राम

मोर पंख से तब बनी थी मैं

ऋषि मुनि लिखते सुबह और शाम,

नाना प्रकार की लकड़ियों से

पुरातन काल में लेखनी बनी

स्याही की दवात में डूबकर

तख्ती और कागज़ पर ढली,

फिर बदली मैं पिन वाले पैन में

स्याही को अंदर समेट कर चली

धीरे धीरे आया चलन बॉल पैन का

अलग अलग रूपों में पली फली,

विस्तार हुआ अब मेरे अस्तित्व का

नवयुग में तो मेरे अनेकों प्रकार

प्रत्येक वर्ग के लिए विभिन्न स्वरूप

लिखें तब आए सबके चेहरों पर बहार।

" मां भवानी "

आया नवरात्र का पवित्र त्यौहार

नव सज्जा से सजे हैं बाजार

बेड़ा करती सबका पार भवानी

ऐसी है मेरी मां भवानी,

लाल चूड़ा हाथों में पहनकर

गोटे की चूनर सिर पे ओढ़कर

सोलह करती श्रृंगार भवानी

ऐसी है मेरी मां भवानी,

नव दिनों तक हम रखें उपवास

भाए पूड़ी और काले चने का प्रसाद

सिर पर मेरे रखती हाथ भवानी

ऐसी है मेरी मां भवानी,

नौ रूप धारण कर अरि हराए

काल बने उनका जो असहाय को सताए

भवसागर से देती हमको तार भवानी

ऐसी है मेरी मां भवानी।

" सरकारी नौकर "

मेरी तो समझ से बाहर सारा मसला है

क्यों दुनिया सरकारी नौकरी की दीवानी है ?

क्या और कैसे बताऊं तुम्हें मैं आज

सरकारी नौकर की अजीब कहानी है,

लगभग 5 साल से मैं भी हूं इसी सेवा में

जानकारों को लगता रोमांचित किस्सा हमारा है

कैसे वर्णन करूं हमारी व्यथा और मजबूरी को

ना ही शाम हमारी, ना ही दिन हमारा है,

एक दिन के ऑफिस का क़िस्सा सुनाऊं

दैनिक दिनचर्या का काम चल रहा था

उस दिन सुबह सुबह एक कस्टमर आया

कैसें हैं आप सब उसने स्टॉफ से पूछा था,

बैठा था शायद वह जवाब के इंतजार में

सारा स्टाफ देख रहा उसको टकटकी लगाए

सबसे बुजुर्ग हमारे साथी ने अनायास ही बोला

वैसे ही तो हैं जैसा कल छोड़ कर आप गए,

कल शाम को तो आप ऑफिस आए ही थे

आपके जाने के बाद हम भी अपने घर गए

क्षण भंगुर अंधेरी रात को थोड़ी सी नींद ली

नहाए धोए खाना खाकर सुबह वापिस आ गए,

तब कस्टमर तो हंसकर चला गया, लेकिन

अनगिनत प्रश्न मेरे अंतः पटल पर छोड़ गया

बिलकुल सही तो है यह विडंबना भी

हमारा समय भी तो नौकरी में बह गया,

साठ वर्ष तक नौकरी में अपनी सेवा देते

सुबह से शाम नियत समय में बंध जाते

चाह कर भी परिवार के साथ कैसे रहे ?

अधिकारी अवकाश अस्वीकृत कर जाते,

या तो करो जी हुजूरी उच्चाधिकारियों की

नहीं तो अलग थलग हम फेंके जाते

नियमों में जो करें हम अपनी ड्यूटी

घमंडी होने का हम पर ठप्पा लगा देते,

शादी ब्याह में भी हमें नहीं मिलती छुट्टी

बस खड़े खड़े हाज़िरी हम वहां लगाते

आखें फाड़कर इतवार का इंतजार करते

विधानसभा के बहाने कभी थावर को बुलाते,

अगर नहीं होते फर्जीवाड़े में शामिल तो

अनुशासनात्मक कार्यवाही का भय दिखाते

सही होते हुए भी लड़ाई लड़नी पड़ती

अरे हम तो हंसकर चार्ज शीट भी झेल जाते,

सैलरी नहीं मिलती कभी समय पर हमें तो

कभी दिवाली बोनस खातिर हड़ताल करवाते

जो मिला उसमें संतुष्टि हम रख कर

सेवानिवर्ती पर अपना झोंपड़ा बना पाते,

एक बार तो सेवानिवर्ती की खुशी होती

बाद में लेकिन हम मतलब समझ पाते

संपूर्ण जीवन तो ऑफिस में लगा दिया

बीते समय को कैसे हम वापिस बुलाते ?

परिवार के लिए अब कितना सा समय बचा

बच्चों का बचपना भी नहीं देख पाते

जीवन तो आया खत्म होने की कगार पर

कैसे अब हम खुद को बहला पाते ?

सेवानिवर्ती के बाद की है अलग ही स्थिति

कैसे अपने आप को हम समझा पाते ?

मृत्यु शैय्या दिखती फिर सपने में भी

सोच यमराज के बारे में हम तो डर जाते।

" रब की कलाकृति "

जीवन मिला जिसको भी भगवान से

वो सब राजी होने पर खुशी मनाते हैं

भावनाएं होती हैं हरेक जीवित प्राणी में

सुख में हंसते हैं तो दुख में रो जाते हैं,

कठिनाई आने पर मायूस हो जाते तो

कार्य पूर्ण होने पर सभी मुस्कुराते हैं

शारीरिक चोट में तड़फ उठते सभी तो

जरूरत पड़े तब दूसरे का साथ निभाते हैं,

कभी खेलें, कभी सोएं, कभी करते भजन

कभी तो सारे मिलकर उत्सव मनाते हैं

रंग रूप और अलग अलग है रहन सहन, लेकिन

सुख दुःख को भावनाओं के धागों में पिरो जाते हैं,

मानव के साथ साथ हर जीवित प्राणी भी जुड़ा

कई दुग्धधारी जानवर हैं तो कई सर्कस दिखाते हैं

पालतू रहते हमारे साथ घर के सदस्य बनकर

जरूरत पड़ने पर अपनी जान पर खेल जाते हैं।

" महिलाओं वाली खुशी "

वैसे तो खुश होते हैं सभी वर्ग के इंसान ही, लेकिन

महिलाओं वाली खुशी की तो बात ही कुछ ओर है

खुश होने के भी होते हैं हजारों लाखों कारण, लेकिन

करवा चौथ वाली मुस्कान की तो अदा ही मन विभोर है,

पुरे वर्ष इंतज़ार करती सुहागिन नार इस मधुर मिलन का

सजी धजी बन गई दुल्हन ज्यों सोलह श्रृंगार का जोर है

मीनू के तन मन को हर्षाए इस पर्व की शालीन गुदगुदी

मन ही मन करे हृदय नृत्य, जैसे सावन में नाचता मोर है,

पति का अहसास लगे सबसे प्यारा और न्यारा इस दिन

पति ही तो है कृष्ण कन्हैया वो ही हमारा चित चोर है

इस दिन का सोचकर हृदय तरंग यूं ही मचल जाया करती

गोते लगाती प्रसन्नचित मधुर मन मुद्रा मारे आज हिलोर है।

" दीपावली "

नए कपड़ों संग हम सब इतराएं

भिन्न भिन्न मिठाई हर जन को भाए

चमचमाती रोशनी सबको लुभाए

जीवन में उल्लास भरती दीपावली,

देवी लक्ष्मी, विष्णु जी को भोग लगाएं

देशी घी की पूजा में हम ज्योत जलाएं

ईख और अशोका से मंदिर सजाएं

हर्षोल्लास से हम मनाते दीपावली,

रंग बिरंगी लाईट सभी छत पर लटकाएं

उत्साहित होकर सबके चेहरे निखर जाएं

गृहिणी नए नए आज पकवान बनाएं

हृदय में लाती नया संचार दीपावली,

परिवारजन स्वर मिलाकर आरती गाएं

छोटे छोटे बाल गोपाल पटाखे बजाएं

दीयों की रोशनी से शहर को महकाएं

मां लक्ष्मी का आशीर्वाद देती दीपावली।

" इच्छापूर्ति अक्टूबर "

नौकरी वालों की खुशी का ठिकाणा
इसी माह में उन सबके चेहरे खिल जाएं
सबसे अधिक अवकाश मिले अक्टूबर में
तभी तो यह इच्छापूर्ति अक्टूबर बन जाए,
गांधी जयंती से शुरू छुट्टी वाला अक्टूबर
नवरात्रा और दशहरा का त्यौहार बनवाए
करवा चौथ को आशीर्वाद पाती सुहागिन
दिवाली आगमन का भी समाचार दे जाए,
मीनू इंतजार करे वर्ष भर अक्टूबर का
यही पूनिया के मन को भी बहुत भाए
परिवार संग हम सुकून से समय बिताते
काश साल में ऐसा महीना हर माह आए !
लेकिन अफ़सोस यह तो मात्र सपना है
हर माह कैसे हमारी पीड़ा समझ पाए ?
इच्छापूर्ती अक्टूबर को तभी तो मिला नाम
साल के सारे महीनों से इसे अलग कर पाए।

" शीशी कहो या बोतल "

शीशी कहो चाहे बोलो बोतल

तपती दोपहरी में ठंडक पहुंचाऊं

अथाह भंडार भरे रखती मेरे पास

पानी को स्वयं के अन्दर समाऊं,

चलते चलते थक जाए जब राह में

प्यासे पथिक की मैं तृष्णा मिटाऊं

अमीरों का जब हो खरीदने का मन

तब सजावट करने के मैं काम आऊं,

लिखावट में जब करें कलम में प्रयोग

तब तो मैं स्याही की दवात बन जाऊं

कोई बनाए लालटेन, कोई बनाए फूलदान

बेवड़ो के लिए दारू का पव्वा बन जाऊं

कांच से लेकर प्लास्टिक हो चाहे तांबा

स्टील कभी तो मिट्टी और कांसे में ढल जाऊं

मीनू को तो दिखे सिर्फ़ शीशी प्यारी सी

जब मैं विभिन्न रंग और रूपों को अपनाऊं।

" अजीब मनोस्थिति "

देख ले तेरे संसार की हालत

आज कैसी हो गई है भगवान !

अपने दुःख से दुःखी नहीं वह

दुःखी दूजे के सुख से है इंसान,

स्वयं की परिस्थिति संभलती नहीं

लेकिन पड़ोसी का रखता है ध्यान

अपना परिवार चाहे भाड़ में जाए

हाथ में रखता रिश्तेदारों की कमान,

सारी खबर चाहिए पड़ोसियों की

चाहे हो बूढ़ा चाहे वह हो जवान

नया करने का कभी सोचता ही नहीं

दूसरों का पीछा कर ही चलाएगा दुकान,

इसलिए खुश नहीं रह सकता वह

चाहे आए त्योहार चाहे बने पकवान

ध्यान तो सारा खुद से हटा लिया

अब चाहे कोई आता रहे मेहमान,

दिखावे की होड़ में निज औकात भुला

तभी तो बड़े बड़े हो गए हैं अरमान

मानसिक शांति से अब हुआ है अलगाव

जिंदगी को बना लिया कलयुग का गुलाम।

" फ़ोटो "

आज नए युग का आगमन जैसे ही हुआ

सभी ने चिल्लाया कि जमाना बदल जाए

अरे परिवर्तन ही तो प्रकृति का नियम है

थोड़ी हवा चले तो मौसम को पलट जाए,

फ़ोटो तो पुरातन काल से ही विद्यमान थी

बस आज इसका थोड़ा स्वरूप बदल जाए

पहले नेगेटिव से धुलकर फ़ोटो में बदलती

वही तस्वीर जो आज प्रिंटर से निकल जाए,

हम तो बचपन में खूब इंतज़ार करते इसका

बोर्ड के परीक्षा फॉर्म के लिए कब फ़ोटो खिंचवाए

अध्यापक कहें फ़ोटो खींचेगी तैयार होकर आना

लगाकर टाई बैल्ट हम फटाफट मेज पर बैठ जाएं,

चार चार बच्चों की एक साथ फ़ोटो खींचती

बाद में कतरनी से हम अलग का कट लगाएं

ब्याह शादी में एल्बम में विराजने की खातिर

दूल्हा दुल्हन के पीछे से नाड़ बाहर हम कर जाएं,

 ना रही अब वो रील और ना ही बड़े बड़े कैमरे

डिजीटल कैमरा तो स्टोरेज कार्ड से चल जाए

घड़ी, कंप्यूटर और लैपटॉप में भी आया कैमरा

चलभास की सेल्फी तो आज सबके मन भाए,

फोटोग्राफर बोलता थोड़ा और मुस्कुराओ जी

वो आवाज आज टिचक टिचक में बदल जाए

खुद ही खींच लेते हैं आज हम खुद की फोटो

यह सब देखकर तो फोटो भी मंद मंद मुस्कुराए।

" मेरा वतन "

मेरा हिंदुस्तान मेरा भारत

न्यारा भारत प्यारा भारत

षट ऋतुओं का बसेरा

लव यू लव यू इंडिया,

रूप भिन्न भिन्न संस्कृति

प्राचीन किलों की भिन्न अनुकृति

सरहद पर आर्मी का पहरा

लव यू लव यू इंडिया,

सरिता कल कल लहराएं

हिंदुस्तानी नाचे गाएं

सबका यहां नाता गहरा

लव यू लव यू इंडिया,

भानू की गिरी संग मस्ती

मीनू इसे बोले प्रसिद्ध हस्ती

गीत यही सुनाए भंवरा

लव यू लव यू इंडिया।

" सामोद वीर हनुमान जी "

गुलाबी नगरी जयपुर से कुछ दूरी पर

एक प्यारा सा गांव नांगल भरड़ा पड़ता है

शान्त, दुर्गम, विशाल पहाड़ियों के बीच

एक चट्टान पर वीर हनुमान बसता है,

600 वर्ष पूर्व घटित हुई थी जो घटना

पूर्वजों द्वारा आज सभी को सुनाई जाती है

संत नग्नदास ने की थी यहां पर आराधना

कंटीले रास्तों से आज चढ़ाई की जाती है,

एक दिन संत को सुनाई दी थी भविष्यवाणी

गर्जना के साथ शोर फिर तेज सुना जाता है

वीर हनुमान बन कर यहां पर प्रकट होऊंगा

फिर साक्षात दर्शन बालाजी का हो जाता है,

जहां हुए दर्शन संत को वीर हनुमान जी के

उसी चट्टान को मूर्ति में फिर बदला जाता है

तभी किया नग्नदास जी ने घोर तप प्रारंभ

6 फूट ऊंची मूर्ति का अनावरण किया जाता है,

सुना है पर्दा लगाकर करते थे संत आराधना

एक बार भक्त द्वारा अनुरोध किया जाता है

मुझे भी करवा दो भगवान के दर्शन महाराज

तभी वहां नग्नदास द्वारा पर्दा हटाया जाता है,
घोर गर्जना संग तब बरस पड़ी थी मूक प्रतिमा
सुनकर बवंडर भक्त तो मूर्छित फिर हो जाता है
भेड़, बकरी, ग्वाले सभी भाग पड़े थे घरों की ओर
जब भयंकर शोर उनके कानों में सुनाई पड़ता है,
 कहते हैं तभी से शुरू हुई पीठ की पूजा
दूर दूर से भक्तजन यहां आगमन करते हैं
तकरीबन 1100 सीढ़ियों की चढ़ाई कर
मन्नत मांगने सामोद पर्वत पहुंचा करते हैं,
समीप की धर्मशालाओं में ठहरते श्रद्धालु
भजन से संगत आध्यात्मिक की जाती है,
हवा में बैठकर ही करो दर्शन बालाजी के
खुशी खुशी यहां सवामणी की जाती है,
सीताराम वीर हनुमान ट्रस्ट द्वारा बना मंदिर
आजकल रोप वे की सुविधा भी दी जाती है
लड्डू जैसे हनुमान जी की पावन मूर्ती देखकर
मीनू की आखें शीतलता महसूस किया करती हैं।

" पवित्र रिश्ता "

घरवालों की रजामंदी की मोहर से

दो जन मिलते अनजानी डगर पर

शर्मा शर्मी में हो जाती फिर सगाई

बातचीत शुरू होती गोद भराई पर,

बहुत कम पहचानते एक दूजे को

शकल दिखाई दे आपस में शादी पर

शुरुआती दिन तो ऐसे ही गुजर जाएं

शादी की रीति रिवाजों का पालन कर,

शादी के घर से जब रिश्तेदार हो रवाना

तब घूमने जाएं नवविवाहित हनीमून पर

दोनों की अलग अलग होती है परवरिश

निकल पड़े आज अनजाने सफ़र पर,

इसी यात्रा में जानना शुरू करें आपस में

दिनचर्या शुरू होती फिर वापिस घर आकर

नए माहौल में फिर ढलती जाती विवाहिता

लेती वह सारी ज़िम्मेदारी अपने कंधों पर,

एक पवित्र रिश्ता पति पत्नी के बीच पनपता

परिवार टिकता फिर इसी रिश्ते की धूरी पर

एक दूजे के दुःख सुख के प्रगाढ़ साथी बनते

खरे उतरते दो तन एक मन की कहावत पर,
आपस में सामंजस्य स्थापित कर दोनों चलते
मूक सहमति जताते एक दूजे के निर्णय पर
पूनिया की आखों के तारे वो बन कर दिखाते
शुक्र भगवान का इस रिश्ते रूपी सुंदर रचना पर।

" राज "

राज का राज मीनू तुम्हें बताए

इसी पर ही कविता लिख जाए

बयां हाल ए दिल वह कर पाए

सिर आंखों पर राज को बिठाए,

मुश्किल घड़ी में मेरा साथ निभाए

दुःख में मेरे वह भी तो रो जाए

सुख में मेरे संग खूब हंसी दिखाए

पत्नी धर्म वह बखूबी निभाए,

सपनों के मेरे वह पंख लगाए

प्यार के ईंधन से मुझे उड़ाए

सफलता पर मेरी वह लहराए

गर्वित होकर मुझसे इठलाए,

मेरे साथ से वह मचल जाए

चमचमाते नयनों से मुझे रिझाए

हर जरूरत मेरी पूरी कर जाए

बिन बोले जज्बात समझ जाए,

प्यारा सा एहसास मुझे दिलाए

मीनू कहकर जब वह मुस्कुराए

शांत अदाओं पर मीनू वारी जाए

नाम लेकर राज का खूब इतराए।

" राज का अंश रोमी "

शरारत भरी उड़ान का राजा

शैतान कहूं या मैं चुप रहूं

मेरे राज का अंश है यह

रोमी के बारे में और क्या कहूं,

बेशकीमती खजाना है तूं मेरा

तेरी खातिर माया को परे धरूं

जब भी थोड़ा हो जाता नाराज

शीघ्र ही भागकर बाहों में भरूं,

हर छोटी सी बात पर नाराजगी

नाज नखरे तेरे सारे सह जाऊं

गुस्से से कभी तिमतिमाए तो

प्यार से मैं राजा बाबू बुलाऊं,

शर्मिला है थोड़ा पापा के जैसे

मम्मी के आंचल में मुंह छिपाले

सोऊंगा तो मैं मम्मी के पास ही

दीदी चाहे कितना शोर मचाले,

गाड़ियों वाले खिलौनों का शौकीन

बस मॉल और मेले में घूमना चाहे

मम्मी के हाथ का खाना लगे अच्छा

नए कपड़ों में इठलाकर मुझे दिखाए।

" मीनू की परछाई रानू "

खून की बूंद जब पली

मेरे पाक, निर्मल गर्भ में

मीनू की ही परछाई रानू

बिठाऊं हृदय के दर्भ में,

पापा की आखों का तारा

ना ही कभी रूठना जाने

कोमल मन से हमें लुभाती

रोमी को तो लाड़ला माने,

बाली उम्र में भी है स्यानी

भावनाओं का अथाह सागर

जज़्बात मेरे तूं ही तो जाने

घर में भरती हर्ष का गागर,

सबसे प्यारी दोस्त मम्मी की

परिस्थिति मेरी तूं समझ जाती

सारी बातें मेरी ध्यान से सुनती

दुःखी मुझे देख नयन भर लाती,

कोशिश करती मदद करने की

मेरी ममता का मोल समझती

अनमोल धरोहर मेरे जीवन की

सत्कर्मों से सीना गर्वित करती,
जानवरों का साथ भाए तुझको
नित नई कला में हाथ आजमाती
पाकर तुझको तो स्वर्ग पा लिया
खुशकिस्मत हमें महसूस कराती।

" शिवोहम रिट्रीट "

सामोद क्षेत्र में बहुतायत में फैला
शिवोहम की रात का अद्भुत नजारा
विशालकाय गुलाबी पथरों से निर्मित
मेरी सुनहरी यादों का है वहां पिटारा,
रिजॉर्ट नहीं है, यह तो है घर सा
स्वर्ग सा लगे जो वहां वक्त गुजारा
आजाद सैनिक के सपनों का महल
हर कोई चाहे यहां समय बिताना,
कैंडल लाइट डिनर का स्वाद है
देशी झोपड़ी का रहना, देशी खाना
आर्मी टैंट का जैसलमेर सा एहसास
सफारी में थार को हवा में उड़ाना,
बालू माटी के बने अनगिनत टीले
जीप में इन सबका लुत्फ उठाना
कंटीले रास्तों में असंख्य झाड़ियां
ऊपर नीचे फिर थार को मचकाना,
घोड़ों के कदम से ताल हम मिलाते
रूफ टॉप से दिखे गिरी का नजारा
शांत रजनी में तरण ताल में नहाओ

अशोका वृक्ष सब जगह को महकारा,
शीत रात में कॉफी की भीनी खुशबू
अंगीठी में कोयलों का फ़ैला कजरारा
लकड़ी जलाकर हाथ सेंकने का मजा
कॉटेज में रह कर लगे जैसे हों महाराजा,
शिवोहम खाने का अलग ही जायका
संगीत की धुन पर जब थिरकती धरा
लाइव रसोई का आनंद भी है यहां
एक रोटी और खानी चाहे हो पेट भरा,
ठंडाई में भाए गरमा गर्म स्वादिष्ट सूप
स्वाद बढ़ाए कढ़ी संग पक्का बाजरा
गौ माता के दूध दही की बात अलग
काले तीतर के मुखारविंद से राम सुना,
उल्लू का जोड़ा बैठा पानी के टैंक पर
आध्यात्म हेतु बालाजी मंदिर भी बना
योगा और ध्यान बाबत शांत वातावरण
भोले बाबा के शिवलिंग पर पानी चढ़ा,
सूर्योदय दिखे हल्का पर्दा खिसकाते ही
जैसा मन करे वैसा कॉटेज रिज़र्व करा
फिटनेस हेतु नवीन जिम भी उपलब्ध
खाने पीने, घूमने के साथ सेहत भी बना,
लंबे चौड़े दायरे में शुकून से सब घूमो
हर वर्ग को शिवोहम सहर्ष संतुष्ट करता
तारों की रोशनी में चांदी सी धूमिल रात

टूर को एडवेंचर संग रोमांस से सजाता,
हर अवसर के लिए डिजाइन है अलग
चाहे हो जन्मदिन, चाहे हो सालगिराह
रेड कार्पेट पर युगल लगें मॉडल ज्यों
जब शिवोहम पार्टी में उन्होंने पैर धरा,
होटल ज्यों कमरे नहीं बुक होते यहां
मालदीव, आइसलैंड सा विला बुक करा
मीनू कहे जन्नत है एक बार भ्रमण करो
पूनिया परिवार का तो कभी नहीं मन भरा।

" हैप्पी, पैंथर या लक्की "

हम सब गांव की तरफ चले थे

दशहरा पर्व भी आने ही वाला था

रास्ते में लगी थी बच्चों को भूख

वहीं तब गाड़ी का ब्रेक लगा था,

गाड़ी खड़ी की एक ढाबे के पास

नाश्ते का तब ऑर्डर किया था

धूप में बैठकर धूप सेंक रहे थे

एक छोटा पिल्ला वहां घूम रहा था,

शीघ्र ही घुल मिल गया वह बच्चों संग

उछल कूद वहीं वह करने लगा था

जब तक हम बैठे वहां वह खेलता रहा

चलने लगे हम तब वह मायूस खड़ा था,

जैसे ही की थी राज ने गाड़ी स्टार्ट

वह भागकर गाड़ी के पास आया था

रोमी ने खोली खिड़की गाड़ी की तो

कूदकर वह अंदर सीट पर जा बैठा था,

फुदकते हुए उस छोटे से पिल्ले को देख

रानू का मन भी तो हर्षित हो चला था

पापाजी प्लीज़ साथ ले चलो ना पप्पी को

दोनों बच्चों ने फिर प्यार से आग्रह किया था,

मीनू भी तो चाहती थी कि साथ ले लूं उसे

पप्पी भी टकटकी लगाए हमें देख रहा था

बस फिर क्या था राज ने दी प्यार से सहमति

एक और सदस्य हमारे परिवार में जुड़ा था,

पूरा दिन बच्चों के साथ मस्ती करता वह

इसीलिए हमनें उसका नाम हैप्पी रखा था

रानू रोमी को मिल गया था एक नया दोस्त

हैप्पी भी हमारे साथ खुश रहने लगा था,

लगभग तीन माह बाद विदेश का टूर बना

हैप्पी को साथ ले जाना मुमकिन ना था

विचार विमर्श पश्चात हमने योजना बनाई

फिर हैप्पी को गांव छोड़ कर जाना था,

मन उदास हुआ तब रानू रोमी का बहुत ही

हैप्पी भी तो चुपचाप टकटकी लगाए बैठा था

जैसे समझ आ रही हों उसको हमारी बातें

समझदार बच्चे ज्यों शांति से सब सुन रहा था,

गांव छोड़ कर हम हो गए विदेश घूमने रवाना

नई जगहों का हमने वहां आनंद उठाया था

छुट्टियां खत्म हुई तो हम आ गए वतन वापिस

समय अभाव में सीधा जयपुर ही आना था,

होली पर दोबारा हुआ गांव जाना तो दिखा

हैप्पी तो आज भी हमें याद कर रहा था

कूद कूद कर मीनू की गोदी में चढ़ जाता तो

राज संग खाना खाने की ज़िद कर रहा था,

बच्चों को देखकर यकायक ही खिल उठा

गाड़ी के चारों ओर चक्कर काट रहा था

आते समय साथ आने को तैयार था वह, लेकिन

दादा दादी का मन भी अब हैप्पी से जुड़ा था,

थोड़े दुखी मन से हम भी आ गए वापिस

रानू रोमी को तो लेकिन हैप्पी चाहिए था

पप्पी की प्रजाति सोचते सोचते बीते कई दिन

फिर वीर हनुमान सामोद का टूर लगा था,

सैकड़ों सीढ़ियां चढ़ कर वहां धोक लगाई

पहाड़ी रास्ते से पूनिया परिवार नीचे उतरा था

नीचे लगी खिलौनों की सजी थी दुकानें

रोमी का बाल मन उन्हें ही देख रहा था,

हम सब हो गए थे खरीददारी में व्यस्त

काला पप्पी देख रानू जोर से चिल्लाई

पापाजी हैप्पी जैसा नया पप्पी मिल गया

राज ने बिना देर किए उसे गोद में लिया था,

दुबक कर चुपचाप गाड़ी में सो गया वह

मानों वहां हमारे ही इंतजार में बैठा था

सारे रास्ते बच्चे उसी की बातें करते रहे

बातों ही बातों में उसका पैंथर नाम रखा था,

घर आकर वही शरारत और उछल कूद

एकदम हैप्पी का ही दूसरा रूप लगा था

पाकर उसे रानू रोमी हुए बहुत प्रफुल्लित

पैंथर के रूप में दूसरा हैप्पी जो मिला था,

घुल मिल गया है फिर वह हमारे संग

तब गाव का दोबारा चक्कर लगा था

चिर परिचित आदत में हैप्पी लगा मचलने

सहसा पैंथर को देखकर गुस्से में आया था,

छोटे बच्चों ज्यों दोनों लड़ें फिर आपस में

मैं बैठूं गोदी में हैप्पी ने फिर फरमाया था

पैंथर बिलकुल छोटा तब सहम सा गया

थोड़ी ही देर में फिर वह भी इतराया था,

खूब मस्ती से बीते फिर वहां सारे दिन

पैंथर भी अब हैप्पी का दोस्त बन गया था

जब भी जाते गांव दोनों ख़ूब मस्ती करते

एक दूजे पर अब भरोसा जो हो चला था,

नानी के घर फिर गूगल ने देखा पैंथर को

उसके भी वह मन को भाने लग गया था

खेलना पैंथर संग गूगल को पसंद आया

मुझे भी चाहिए वह फरमाइश बता रहा था,

रानू रोमी ने नया पप्पी लाने का वादा किया

पैंथर को वहां छोड़ने का मन नहीं था

विदा लेकर नानी से हम हो गए थे रवाना

हैप्पी वाली जगह एक काला पप्पी दिखा था,

बिना सोचे समझे बस उसे बिठा लिया गाड़ी में

घर आकर उसके लिए भी नया घर बनाया था

हैप्पी और पैंथर तो बन गए थे दोस्त लेकिन

घर पर नया पप्पी लक्की भी तो आ गया था,

शुरुआत में कुछ दिन लड़े पैंथर और लक्की

बाद में लक्की पैंथर संग घुल मिल गया था

रानू रोमी को अच्छे लगने लगे अब सारे पप्पी

लक्की को गूगल को देने का समय आया था,

अनायास ही रानू रोमी हो गए थोड़े से उदास

विदाई करने का बच्चों का मन नहीं कर रहा था

हैप्पी, पैंथर कहो या लक्की कहकर पुकारो

वह मूक प्राणी हमारे दिल से जुड़ गया था।

" की बोर्ड "

ए बी सी डी संग है एक दो तीन चार

जोड़ घटा गुना भाग और है एफ की भी

बिंदु कोमा ब्रेकट हैस एरो डैस बैक स्पेस

टका टक टका टक करता फिर की बोर्ड,

भिन्न भिन्न फॉन्ट में सिख लो इससे टाइपिंग

क्षमता अनुरूप अपनी गति हम बदल सकते

जो हम चाहें वह मॉनिटर में डाल देती यह

इनपुट का सरल जरिया है काला की बोर्ड,

अल्ट कंट्रोल डिलीट शिफ्ट होम एंड की संग

नित नए नए प्रयोग हम सभी कर पाते हैं

हैं पेज अप डॉउन इन्सर्ट स्क्रॉल लॉक टैब

सैकड़ों कुंजियों का छोटा पिटारा की बोर्ड,

पहले टाइपिंग सीखते खड़ खड़ मशीन से

नए युग में अंग्रेजी हिंदी की बोर्ड सिखाता

पहले तार से जुड़ी रहती सीपीयू मॉनिटर संग

नए रूप में आई आजकल तार रहित की बोर्ड।

" गुलाबी नाखून "

छोटे छोटे कोई रखना चाहे मुझे

किसी को हैं लंबे और पतले पसंद

स्वरूप तो मेरा लेकिन एक ही है

छोटा सा प्यारा सा गुलाबी नाखून,

हर व्यक्ति की है अलग दीवानगी

बढ़ाकर मुझे बनाता वर्ल्ड रिकॉर्ड

लड़कियां नेल पॉलिश से सजाती

मुस्कुराता तब मैं चमकीला नाखून,

नययुवक लड़कों में भी चढ़ा शौक

सजाकर मुझे वो भी तो खुश होते

शादी ब्याह में मेरी अलग ही रंगत

नए रंगो से खिल उठता मैं नाखून,

कईयों की होती बहुत ही गंदी आदत

चबा चबा कर मेरा आकार बिगाड़ देते

ना समझें चबाने से बीमारियां फैलती

मार्मिक संदेश देता मैं बेचारा नाखून,

मीनू को तो लगें कटे छोटे नाखून सुंदर

संक्रमण का खतरा होता है इससे कम

साफ सुथरा रख संभार करो तुम मेरी

फिर हर्ष से हवा में लहराऊंगा मैं नाखून।

" किन्नर के मन की बात "

तेरे जैसी ही मिट्टी से मैं भी बना ए मानव

भगवान की ही कलाकृति समझ तूं मुझे

हमेशा दूर दूर मुझसे फिर क्यों भागता है तूं

तेरे रब ने ही तो दी है दिव्य आकृति मुझे,

सुन बोल देख सकता हूं मैं तेरी ही तो तरह

क्यों लेकिन समाज फिर भी दुत्कारे मुझे

सभी करने लग जाते जन्म से ही नफ़रत

इन हरकतों से आखिर तूं क्यों झिझकोरे मुझे,

दिव्यांग की ही तरह है एक अंग में विकृति

फिर क्यों तूं अपशकुन मानकर हराए मुझे

समाज में बराबरी का मैं भी हक हूं चाहता

अभद्र दृष्टिकोण संग क्यों तूं ललकारे मुझे,

मेरा भी मन करता कि संग सबके मिलकर रहूं

न्यारी ढाणी जंचाने को क्यों मजबूर करे मुझे

समझ मुझे भी तूं प्राणी दिव्यांग जैसा ही

मत लानत भरी नीरस जिंदगी जीने दे मुझे,

दिल धड़कता, गुदगुदी करता हृदय मेरा भी

कैसे किन्नर के जज़्बात पूनिया समझाए तुझे

जीवन मरण तो परमात्मा की धरोहर है बंदे

क्यों जीते जागते निर्जीव लाश तूं बनाए मुझे।

" ठंडी ठंडी ठंडाई "

किसी को लगे सर्द मौसम अच्छा तो

किसी को लगे अच्छा मौसम गरम

मीनू को तो भाए ठंडी ठंडी ठंडाई

है सबकी अपनी अलग अलग पसंद,

जनवरी की हड्डी कंपाने वाली ठंड में

सभी जन का ही कांपता है तन बदन

लेकिन गोंद के लड्डू का स्वाद न्यारा

स्वत: ही फिर बढ़ने लग जाती है तपन,

लोहड़ी पर मूंगफली, गज्जक का लुत्फ

मकर संक्रान्ति पर बच्चों का हर्षाए मन

आग की अंगीठी में से निकलती लपटें

मधुर संगीत सुनाए चिमटे की खन खन,

नहीं कर सकती बयां मात्र कुछ शब्दों से

राज की गोद और सिकुड़ी कंपकंपाती रैन

लंबी रातों और लघु दिनों की लाल संध्या

पूनिया को अपार मिलता शांति और चैन।

" शौक बड़ी चीज़ है या मजबूरी "

कोई मस्ती में अपना समय व्यतीत करता

किसी के मन भा जाती सिलाई और बुनाई

उछल कूद करे कोई तो कोई उद्दंड मचाए

कई गृहणियों की पसंद है चूल्हा और कढ़ाई,

कोई काम धंधा करे भाग दौड़ करके तो

किसी ने घर में ही अपनी दूकान जंचाई

कोई ऑनलाइन व्यापार का दीवाना है तो

किसी ने नुकड़ और चौराहे पर रेहड़ी लगाई,

कोई वीडियो गेम से अपना मनोरंजन करता

किसी ने शौक खातिर घर में जिम बनाई

किसी को भाए सारे इंडोर खेल खेलना तो

किसी ने प्रभात में उठकर मिट्टी में दौड़ लगाई,

कोई चाहे मखमली गद्दों पर मीठी नींद लेना तो

किसी ने खुले आसमान तले खटिया बिछाई

मटर पनीर भाए कोई की चटोरी जीभ को तो

किसी ने सिला पर रगड़कर लाल मिर्च बनाई,

हर जीव का अलग है शौक और मजबूरी

कोई चाहे कमाना तो कोई करना चाहे घुमाई

किसी का मन लगे व्यापार और नौकरी में

मीनू पूनिया को पसंद है खेल और पढ़ाई।

" बावरा मन "

लघु क्यारी देख कर हर्षित होता

मचलता है रह कर बावरा मन

हरियाली प्रकृति की सतरंगी छटा

यही है संसार का सबसे बड़ा धन,

बगिया में लगे फल और रंगीन पौधे

हवा की सनसनाहट में सुने छन छन

कल्पित स्वर्ग ज्यों अहसास फिर होता

लहरों पर गोते खाए योग मुद्रित मन,

हल्की बारिश की मंद मंद फुहार

बूंद से भीगकर बतख का बदले रंग

मद में बहकर मयूर कर रहा नृत्य

कोयल संगीत सुनाए पपीहा संग,

प्राकृतिक सौन्दर्य की यह अनुभूति

कृपा मत करना इसे कोई भी भंग

रस भरे वातावरण को निहार कर

मीनू पूनिया सहसा ही रह जाती दंग।

" जंगल की दुनिया "

दुनिया जंगल की बड़ी ही विचित्र

सुनते आए हम बचपन से कहानी

रात को सोने से पहले घेरे में बैठकर

सभी ने सुनी दादी नानी की जुबानी,

बड़े और खूंखार जानवर वहां बसते

शेर गुपचुप रखता सबकी निगरानी

फल फूलों से लदे खड़े हैं पेड़ पौधे

बादल राजा रखे वहां अपनी मेहरबानी,

सरोवर पर अपनी बारी का इंतजार कर

तृप्त होकर बड़े छोटे सब पीते हैं पानी

आपस में लड़ते कभी प्यार करते, लेकिन

नरदुश्मन को मिलकर याद दिलाएं नानी,

आपसी तालमेल का मिलता है फायदा

नहीं पड़ती बैरी समक्ष उन्हें मुंह की खानी

सामर्थ्य अनुसार बांटकर अपना काम करते

सभी मिलकर चुनते फिर राजा और रानी,

ईमानदारी से सभी करें निज कर्तव्य पूर्ण

किसी की भी नहीं चलती फिर मनमानी

डर, भय, रोमांच और उत्सुकता से परिपूर्ण

मीनू पूनिया ने सुनाई आज जंगल की कहानी।

" बिल्ली "

अन्य जानवर जैसी ही जानवर हूं मैं

क्यों मुझे तुम सब अपशकुन मानते

जब मैं सीधी घर जाऊं अपने रास्ते पर

तो क्यों मुझे देख तुम सहसा रुक जाते,

कुत्ते, बंदर, गाय इत्यादि अनेकों जानवर

रोज तुम्हें सुबह शाम गली में टकरा जाते

तब कतई माथा नहीं भिनभिनाता तुम्हारा

बिल्ली नाम से क्यों संकीर्ण सोच दिखाते,

घूमने फिरने का मेरा भी तो मन है करता

काटा बिल्ली ने रास्ता सोच क्यों घबराते

वैज्ञानिक युग में लिया है जब तुमने जन्म

तो अन्धविश्वास से स्वयं को क्यों बंधा पाते,

मीनू से कहे बिल्ली अजीब परंपरा क्यों बनाई

गर्भवती होऊं जब मैं तब देख खुश हो जाते

मेरा अवशिष्ट तब कैसे तुम्हे अमीर बनाएगा

लेकिन फिर भी उसे पाकर भाग्यशाली मानते,

अरे कुछ नहीं रखा ऐसे शून्य अन्धविश्वास में

अन्य जानवरों की तरह काश मुझे भी पालते

अपशकुन नहीं समझी जाती मैं राह चलते

देखकर मुझे अपना नया रास्ता नहीं डालते।

" बालू का पसीना "

जनवरी की सर्द सुबह
सामोद का वातावरण
बिखरी कपकंपित ओस
अक्सर याद आते है,
राज संग मेरा भ्रमण
कच्ची पगडंडियों पर
बच्चों की किलकार
अक्सर याद आते है,
धांसू थार को मचकाना
आजाद जी का चलाना
खेत का जलेबी सा रास्ता
अक्सर याद आते है,
बिशनगढ़ का सिला टीबा
पहाड़ की मौसमी तलहटी
झुंडे का खिला परिवार
अक्सर याद आते है,
एक टिब्बे की पीठ पर
मीनू को सहसा दिखना
बालू माटी का पसीना

अक्सर याद आते है,
पेड़ों का लदा झुरमुट
शर्मीली वो मूंगफली
बकरी के चंचल मेमने
अक्सर याद आते है।

"नशा नहीं सुहाना कहर हूं मैं "

नशा नहीं हूं मैं तो हूं सुहाना सा कहर

जाने किस किसको आज बर्बाद करूंगा

आएगा जो बस एक बार मेरे संपर्क में

ताउम्र वह मेरी तड़फ कर गुलामी करेगा,

क्यों सुनते हो तुम प्राचीन पुराण, ग्रंथों की

जिनमें शैतान के फूल अफ़ीम उन्होंने बतलाई

पुराणों में सूरा मिला मुझको नाम तो इन्हीं में

कहीं दबा नशे का भांग रूप विजया कहलाई,

ऋग्वेद में तो कह दिया था सोमरस मुझे

इन्हीं ग्रंथो में कहीं मैं अमृत भी था कहलाया

आम भाषा में अमरता का नगीना भी मैं ही हूं

व्यसनी ने तो मुझे भावना की औषधि बताया,

बलवर्धक दवा मानना तुम्हारा गलत है नज़रिया

क्यों कोई मुझे स्वर्ग के द्वार की चाबी कह जाए

आटा, राव, सूरा, ताला, वारूणी, मधुका, खांड

अरिस्ठ, पैष्ठी, शीरा प्राचीन शराब के नाम बताए,

कोकीन, कैफिन, हेरोइन, चरस, गांजा, सिगार

हशीश, सिगरेट, हुक्का, मार्फिन, और एल एस डी

जिसको लगी लत मुझे खाने, पीने, सूंघने की

नवयुवक की जिंदगी मैंने आसानी से बर्बाद करदी,

सुल्फा, धतूरा, स्मैक, बीड़ी, दारू और ब्राउन शुगर

नव युवा वर्ग तुमने क्यों फैशन आज बना लिया है ?

उत्तेजक, निश्चेतक, अवसादक, मायिक ग्रहण करते

जीते जी स्वयं को क्यों तुमने मुर्दा बना लिया है ?

मेरा तो नाम ही है सुहाना जहर, जो जन्मा

तुम्हारा आनंदमयी सफ़र खत्म करने के लिए

क्यों तुम्हे बिल्कुल भी संकोच नहीं होता जब जग

भंगेड़ी, दारूडा, गंजेडी, स्मैक्ची, चरसी, नशेड़ी पुकारे,

कुछ नही रखा है नशा व्यसन और झूठे दिखावे में

परिवार को मानव मत तूं जीते जी नशे का नरक दिखा

अपनयन लक्षण पर भी पार पा लेगा तूं आसानी से

एक बार नशा छोड़ने की तनिक मनुहार तो दिखा,

अखिल भारतीय अफ़ीम नशा निवारण केंद्र माणकलाव

जोधपुर में तेरा नशा मुक्ति का सरल रास्ता भी निकलेगा

पद्म विभूषण श्री नारायण सिंह जी के सपनों से निकला

माणकलाव मॉडल जिंदगी में संजीवनी बूटी बन उभरेगा,

खूबसूरत जीवन मुझसे लिपटकर मत तूं बर्बाद कर नर

सात्विक आहार लेकर प्रकृति की गोद में कर शांत बसेरा

मेहनत कर, स्वस्थ रह परिवार संग हर्षोलास से जीवन गुज़ार

दिन ढलता है तो अवश्य ही आएगा एक स्वर्णिम सवेरा।

" अत्याचारी युद्ध "

युद्ध की विडंबना है बड़ी अत्याचारी

मीनू को तुम्हें आज सुनाना ही पड़ेगा

समृद्ध और प्रतिभावान देश चपेटे में

मैं के चक्कर में युद्ध लड़ना पड़ेगा,

ब्रह्माण्ड की सत्यता है ज्यों ही

अस्तित्व में आया उसे मिटना पड़ेगा

कुछ नहीं रहना अमर इस धरती पर

यमराज का फर्ज तो निभाना पड़ेगा,

एक बार युद्ध भी जो हुआ शुरू

खत्म तो इसे भी होना ही पड़ेगा

दिनचर्या होगी लोगों की दोबारा शुरू

चांद सूरज को दोबारा उगना पड़ेगा,

मशीनरी भी नई बन जाएगी दोबारा

धरती आसमान को भी दमकना पड़ेगा

चलने वाले चलेंगे, रुकने वाले रुकेंगे

परिणाम सबको लेकिन भुगतना पड़ेगा,

रंगों को मानती थी जो अपनी दुनिया

उस चंचल लड़की को तो रोना पड़ेगा

शौहर हो गया उसका शहीद युद्ध में

वीरान जीवन अब उसे जीना पड़ेगा,

सफेद हो जाएगी अब उसकी जिंदगी

सोच समझकर कदम धरना पड़ेगा

बच्चे पूछेंगे कहां हैं हमारे पिता

रो रोकर युद्ध का हाल बताना पड़ेगा,

बूढ़े मां बाप की आंखे ढूंढती रहेंगी

बेटा तो मगर खोना ही पड़ेगा

जाने वाला तो दब गया बारूद में

अब ताउम्र अकेले जीना ही पड़ेगा,

खिलाया जिसको अपनी गोद में

इतिहास बना अब पढ़ना पड़ेगा

अफसोस रह जाएगा मन मसोस कर

घर के चिरागों को तो बुझना पड़ेगा,

कुछ नहीं मिलेगा युद्ध से किसी को भी

बस ऋणात्मक परिणाम देखना पड़ेगा

क्यों नहीं समझ जाते हम समय रहते

नहीं तो बाद में बस पछताना पड़ेगा,

बिखरी बिखरी सी हो जाएगी जिंदगी

खामियाजा युद्ध का जनाजा बनेगा

दिखेंगी डरी सहमी सी सुनसान गलियां

और उनमें लाश का ठिकाना जंचेगा,

उलट पलट होएगा सबका ठिकाना

भयावह रास्तों से गुजरना पड़ेगा

मीनू कहे युद्ध का तो नाम भी बुरा है

बैंकरो में रात को सोना पड़ेगा,

मिल जुल कर रहने से बनेगा काम

अन्यथा माटी में मिलना पड़ेगा

युद्ध होता भयंकर इतिहास गवाह है

सबको ही इसमें सिमटना पड़ेगा।

"शादी की वर्षगांठ"

राज तेरे संग खूबसूरत रिश्ते के

11 गौरवमयी वर्ष आज पूर्ण हुए हैं

बगिया सजाई स्नेह रूपी पौधों से

रानू, रोमी नटखट से दो फूल खिले हैं,

मासूम शरारतों संग बाहें खोले खड़ी

नाराजगी, मनुहार सब पवित्र अदाएं

सूरज सा तेज़ जगमगाए रिश्ते में

शांत मुस्कुराना तेरा मदहोश कर जाए,

बिन तेरे यह सब मुमकिन ना था

मीनू के सपनों के पंख तूने ही लगाए

मेरे हर दुःख सुख का साथी है तूं

कैसे भला क्षण भर दूर रहा जाए,

ये नाम, ये शोहरत सब तेरे बिन फीकी

नीले नभ में संग तेरे विचरण कर आऊं

राज सा बेशकीमती उपहार दिया मुझे रब ने

रह रह कर मैं तो आज भी इठलाऊं,

न्यौछावर हूं तेरी समर्पित भावना पर

चरणों में तेरे मैं हमेशा शीश नवाऊं

ख्वाईश रखती हूं भगवान से इतनी ही

हर जन्म में तेरी ही पत्नी कहलाऊं।

" विचित्र उत्सव "

सुबह आई थी मैं शिवोहम सामोद में

शाम को तो आज पार्टी है संभू बोला

पार्टी सुनकर रानू, रोमी हुए लालायित

तराना राग सजेगा राज ने था मुंह खोला,

लालिमा अभी छाई ही तो थी शाम की

सूरज राजा भी अस्त होने को चले थे

मन ही मन उत्सुक हो चली थी मीनू भी

तैयारियों को अंतिम रूप वर्कर देने लगे थे,

हल्ला गुल्ला होगा जरूर सोचा था पूनिया ने

रंग बिरंगी मुलायम खाट थी इंतजार में खड़ी

शैन शैन वाहनों का आगमन हुआ तब शुरू

अनेकों कूलर संग हवा सबके चेहरों पर पड़ी,

ना कोई उत्साह, ना ही कोई दिखी उत्सुकता

विचित्र उत्सव पहली बार आज मैंने कैसा देखा ?

खाट बेचारी अब आलस में पड़ी मारें उबासी

संगीत का बेसुरे सुरों ने गला फिर था घोंटा,

मुस्कान नहीं चेहरों पर, नयनों में नहीं ताजगी

ये कैसी पार्टी, कैसा ये जश्न पूनिया ने सोचा

मोबाइल में व्यस्त तो घर पर भी रह सकते थे

जबरदस्ती क्यों बेबस दिन का भी कलेजा नोचा।

" मायूस हुआ गुदड़ "

गुदड़ ने की थी बात मेरे से

मायूस होकर मुझसे बोला

याद आ रहा पुराना ज़माना

नए जमाने ने तो विष घोला,

बताने लगा अपनी बातें मुझे

मैंने भी तो मूंह नहीं खोला

आंसू आए उसका दर्द देखकर

फिर सोचा बेचारा सही तो बोला,

दुखी मन से बताऊं अपना दर्द

मीनू पूनिया तूं सुन तो रही है ना

कद्र नहीं है आज मेरी जरा भी

हंस लूं चाहे, शुरू करूं रोना,

गद्दों ने आकर खत्म किया मुझे

भाए सबको मखमली बिछौना

साथी मेरी खाट लुप्त हो गई हैं

बैड पर चाहते हैं सभी सोना,

हाथ जोड़ करूं विनती सुनले

तूं तो मुझको कभी मत खोना

पौरोणिक कथाओं में सिमट गया

अब काहे आस के बीज बोना।

" शीतल कूलर "

लोहा, प्लास्टिक दोनों से बनता

गर्मी में सबकी तपन बुझाता

पंडूबी संग शीत लहर चलाता

कहते हैं मुझे सब शीतल कूलर,

पंखे में तापमान जब बढ़ जाता

लू लगे इसलिए तूं भाग कर आता

तपती दोपहरी में सभी पुकारें

हाय री कूलर, हाय री कूलर,

धर धर धर आवाज कर चलता

निशा में गहरी तुम्हें नींद दिलाता

ईंट, पत्थर, चौका अनेकों स्टैंड

ऐसा हूं जग निराला मैं कूलर,

छोटे बड़े सब प्रकार का मिल जाता

बाहर भीतर हर जगह चल जाता

बिजली की थोड़ी बचत कर जाता

आम आदमी की पहुंच का मैं कूलर।

" रजनी कजरारी "

चर चर चर चर की ध्वनि

मंद मंद महकती सुगंध

सिली सिली बुदबुदाती समीर

मचलती है रजनी कजरारी,

लहलहाते खेतों की महक

टिमटिमाते सितारों की दमक

लालिमा से नहाया अर्द्ध चंद्रमा

बढ़ाए जाता मीनू की बेकरारी,

निशा की खामोशी ना हो बयां

उजाले संग खेलती विरानियां

धूमिल छवि अंबर की सताए

पूनिया तो अपना सर्वस्व हारी,

शांत, सुगंधित, ऊर्जावान क्षण

सनसनाहट का संगीत गुदगुदाए

धरा ने ओढ़ी चूनर हरियाली की

रजनी कजरारी लगती है प्यारी।

" चंचल धूप "

तपती दोपहरी की ना कहूं मैं

प्रभात की किरणों का है जिक्र

ना ये गरम ना ही है ये शीतल

मचलाए जाए री ये चंचल धूप,

खिड़की के झरोखों से ताकती

दरवाजों तले से देती दस्तक

ताजगी समेटे चले बल खाती

मन को भाए री शर्मीली धूप,

तड़के तड़के यह दर्श दिखाए

पूनिया के हृदय को महकाए

राज दौड़कर मीनू को बुलाए

आ गई री तेरी बुदबुदाती धूप।

" परिवर्तन "

एक दिन अनायास ही घर पर बैठे बैठे

पूनिया के मन में था एक ख्याल आया

बदल गया ना कितना सब कुछ आज

सूना सूना मंजर सब नज़र है आया,

बहका सा हर कोई आज विचरण करे

भटका भटका सा रास्ता है गहराया

लबों की मुस्कान तजदी सभी ने

मन को सेल्फी मुस्कान से बहलाया,

व्यस्तता भरी जिंदगी बढ़ाती है बैचेनी

पापी पेट ने सबका अलगाव करवाया

परिवार से दूर रहने को मजबूर आदमी

एकल परिवार में भी पृथक घर जंचाया,

रिश्ते नाते बच्चों के लिए बने इतिहास

पश्चिमी सभ्यता ने अपना डंका बजाया

पहूंच बढ़ी सोशल मीडिया से हर वर्ग की

बनावटी आवरण से सबने चेहरा पुताया।

" शरारती बूंद "

अरावली की तरुण पहाड़ियों में

सामोद का पहाड़ भी नजर आया

मूसलाधार बारिश हो गई फिर शुरू

शरारती बूंद ने पूनिया को तरसाया,

श्रावण मास और शिवोहम का रूफ टॉप

नहाने को तभी मीनू का मन ललचाया

जूते निकाल कर भागी छत की और

ये क्या बदरा तो सहसा दूर भाग चला,

मायूस नजरों से मैंने घूरा अंबर को

क्यों रे शैतान तूने मेरे बदरा को पुकारा

सूक्ष्म बूंद कर रही है मजाक मेरे संग

बादल बना बैठा है नभ का दुलारा,

ठहर ठहर कर बरसाता शीतल बारिश

मोती ज्यों बलखाती बूंद को मैंने निहारा

धरती पर गिरने को हो रही अब आतुर

बूंद को मैंने कह दिया फलक का सितारा।

" लहर मेरे मन की "

सीधा साधा सरल व्यक्तित्व

राज से जुड़ा है मेरा अस्तित्व

सदा रखा मेरा मान तुमने

मीनू के हृदय का नूर है तूं,

रानू रोमी ने मारी किलकारी

खिलाई मेरे जीवन की क्यारी

तेरी हर अदा मुझे लगे प्यारी

सागर रूपी मन की लहर है तूं,

साथ दिया मेरा हर कदम पर

प्रसिद्धि में मेरी चार चांद लगाए

निखारा मुझे चमकते सितारे ज्यों

मेरे व्यक्तित्व की पहचान है तूं,

संग अपने सारी दुनिया घुमाई

मेहनत से अपनी पहचान बनाई

दुआ है मेरी रब से बस इतनी

सदा रहे हंसता मुस्कुराता तूं।

"घास वाला टिब्बा"

वीर हनुमान के पहाड़ पर बैठकर

नीचे का अद्भुत नजारा देख रहे थे

इंदु दीदी के सात्विक प्रवचन सहसा

कानों को शीतलता प्रदान कर रहे थे,

ऊबड़ खाबड़ रास्तों से की पहाड़ चढ़ाई

तलहटी पर बंदरों को केला खिलाया था

धूप संग फैली हल्की बदरा की लालिमा

नृत्य करने को मयूरा आतुर हो रहा था,

यकायक ही हर्षमुद्रित हो चले थे नयन

सामने घास वाला टिब्बा दिख रहा था

रंग बिरंगे अद्भुत पक्षियों की चहचाहट

अंबर नीले ने भी मूक कहर बरसाया था,

एक पत्थर पर मीनू भी बैठी थी अकेली

शायद विरानियों में कुछ महसूस हुआ था

सफ़ेद माटी से निकला घास का तिनका

पूनिया को दूरस्थ टिब्बा बहुत सुहाया था।

"मेरी दुआ"

उदासी को परे भगा दे मेरे राज

मीनू की है दुआ तेरा चेहरा खिलेगा

ऐसे ही करते रहेंगे मेहनत हम तुम

आज नहीं तो कल हमें ताज मिलेगा,

सच की जीत होगी इतिहास गवाह है

अवश्य ही मुश्किल का रास्ता निकलेगा

ऋणात्मक शक्तियां भी मानेंगी हार

चारों ओर खुशनुमा एक माहौल बनेगा,

यम का मुनीम रखता सब लेखा जोखा

सकारात्मक परिणाम शीघ्र दर्शित होगा

पूनिया की अंतरात्मा की आई है आवाज

सितारों ज्यों तेरा वंश अंबर में चमकेगा।

" राज संग दीपावली "

भांति भांति के बने घर पर व्यंजन

दीपावली पर आज सजा है द्वार

छम छम करती आई देखो लक्ष्मी

दरवाजे पर फूलों की हुई है बौछार,

खुशबू महक रही है आज चारों ओर

रानू रोमी खड़े हैं सज धज के तैयार

मीनू ने रंगोली बना कर सजाए दीपक

राज की है नारियल बर्फी की मनुहार,

पटाखों की गड़गड़ाहट से गूंजा आसमान

बाल किलकारी ने घर का मान बढ़ाया

लक्की पटाखों से भयभीत हो छुपा बैठा

पूनिया परिवार ने पूजा का थाल सजाया,

मां लक्ष्मी संग विराजे विष्णु और गजानन

आरती से पूनिया परिवार ने तराना सजाया

खुशी खुशी में नई कार को सजाना भूले

इस पावन पर्व दिवाली को यादगार बनाया।

" निरोग योग "

भाग दौड़ भरी जिंदगी ने छीना

मनुष्य बेचारे का चैन, सुख, अमन

मन को शांति मिलती है योग से

यही तो है हमारे जीवन का आधार,

सुविधानुसार नर तूं समय निकालकर

दिनचर्या में योग को अवश्य अपना

बना जीवन अनमोल को योग से निरोग

हो नीरस मत कर इसको तूं बेकार,

योग, आसन या कहलो तुम प्राणायाम

चाहे पुकारो तुम नेति क्रिया या ध्यान

केवल नाम ही हैं ये सब भिन्न भिन्न

हैं ये योग के ही अनगिनत प्रकार,

मीनू कहे दीर्घायु का घटक महत्त्वपूर्ण

आलसी जीवन में अत्यंत आवश्यक

सब जग करेगा साथ में निरोग योग

स्वस्थ तभी जाकर बनेगा संसारा।

" पर्व गोवर्धन "

श्री कृष्ण और मां यशोदा की वार्ता

श्री मदभागवत गीता ने हमें बताया

क्यों नहीं पूजते गोवर्धन, गौ माता

कृष्णा ने था ब्रजवासियों को चेताया,

ब्रज में था कोई पूजन कार्यक्रम

ब्रजवासी सभी तैयारियों में जुटे थे

कान्हा पूछे यशोदा से हे री मां

किसकी तैयारी ब्रजवासी कर रहा,

उत्सुकता देख यशोदा भी मुस्कुराए

आज सब इंद्र देव की पूजा कर रहा

मुरारी चिंतित स्वर में कहे क्यों री मां

इंद्र देव को क्यों आज पूजा जाता,

यशोदा बोली वर्षा करते इंद्र देव

वर्षा से अन्न का भंडार है भरता

गौ माता का चारा होता हरा भरा

इसीलिए इंद्र देव आज पूजा जाता,

ये तो है फर्ज़ इंद्र देव का कान्हा कहे

वर्षा करने के लिए काहे को इतराए

गोवर्धन पर्वत की होनी चाहिए पूजा

गऊ माता को चारा उपलब्ध कराता,

आसमान के ही एक कोने में बैठकर

इंद्र देव देख रहे थे वो सारा नजारा

मुझे छोड़ ये पूजेंगे गोर्वधन पर्वत

इंद्र देव नाराज होकर बरसने लगा,

अहंकार तोड़ने के लिए इंद्र देव का

वासुदेव ने था गोवर्धन पर्वत उठाया

कोहराम मचाते ब्रजवासियों को

मूसलाधार वर्षा से कान्हा ने बचाया,

कान्हा से माफी मांगी थी इंद्र देव ने

इंद्र देव को गलती का अहसास कराया

गोर्वधन पर्वत पूजा तभी से शुरू हुई

अन्नकूट और गोवंश की महता दर्शाता,

गोर्वधन पर्वत की परिक्रमा करते भगत

लोगे ने आज भी इस परंपरा को निभाया

परिक्रमा से मिलता कन्हैया का आशीर्वाद

अन्नकूट **56** भोग भगवान को लगाया जाता,

गोवर्धन पूजा का पर्व कार्तिक माह के शुक्ल

पक्ष की प्रतिपदा तिथि को मनाया जाता

घर की दहलीज पर गोबर का पर्वत बनाकर

गायों और बैलों को भी भोग लगाया जाता।

"नटखट मीनू"

क्या लिखूं मैं खुद के बारे में

चुप चुप सी कभी हो जाती हूं मैं

खुली किताब सी है जिंदगी मेरी

कभी कभी उदास हो जाती हूं मैं

मैं हुबहू लड़कों सी दिखने वाली

राज की नटखट मीनू बन जाती हूं मैं

शरारती अटखेलियों की अदाओं वाली

काव्या रोमित की मां कहलाती हूं मैं

भावनाओं के अनंत सागर को पाले

राज के दुःख में टूटकर रो देती हूं मैं

सभी बोलते हैं मुझे पत्थर दिल

अपने अहम में ही जी लेती हूं मैं

बच्चों से है मुझे विशेष लगाव

जानवरों के साथ मुस्कुरा लेती हूं मैं

साहसी और मजबूत इरादे लेकर

कृतव्य का निर्वहन करती हूं मैं

ईमानदारी से करती हूं बैंक ड्यूटी

फिर भी अधिकारियों को खटकती हूं मैं

जिसको बोलना मुंह पर बोलना

पीछे बोलना पसंद नहीं करती हूं मैं

इसी अदा से चिड़ते हैं सभी मुझसे

मुंह फट और घमंडी कहलाती हूं मैं

फर्क नहीं पड़ता मुझे बाहरी दुनिया का

अपनी ही धुन में मस्त रहती हूं मैं

कभी पति से उपहार नही मांगती

मुस्कान देख ही खुश हो जाती हूं मैं

सत्संग लगता है अच्छा मुझको

भोले बाबा की बावरी भगत हूं मैं

राज हमेशा कहता है मुझको

रब ने अलग ही माटी की बनाई हूं मैं

इतराती हूं बस इस बात को सोचकर

मेरे राज को अच्छी लगती हूं मैं

जैसी भी हूं बच्ची सी सच्ची सी

रानू रोमी की प्यारी दोस्त हूं मैं

रसोई में नाप कम आता है मुझे

लेकिन टेस्टी खाना बनाती हूं मैं

बचपन बीता मां बाप की गोद में

आज उनसे थोड़ी बहुत पराई हूं मैं

सास ससुर को भी रहती है शिकायत

सारी बातें राज से शेयर करती हूं मैं

लड़ती हूं झगड़ती हूं रूठना नहीं जानती

राज कहे दुनिया की सबसे सुंदर लड़की हूं मैं

बच्चों ज्यों अटखेलियां करना अच्छा लगता

चीजी लेने को हमेशा आतुर रहती हूं मैं
बतियाना पसंद नहीं है मुझको
चुप चुप सी हरदम रहती हूं मैं
खेलना मुझे है बहुत ही पसंद
किताबों से लगाव रखती हूं मैं
योग और व्यायाम जरूरी मानती
रविवार को संडे मनाती हूं मैं
लोग कहें बुरी लेकिन अच्छा लगता
राज की नज़रों में बुरी नहीं हूं मैं
गैरों को खुश रखना आदत में नहीं है
अपनों पर जान छिड़कती हूं मैं
गलती करने पर झट से सॉरी बोल
अपनी गलती हमेशा मानती हूं मैं,
रोमी कहे मेरी मम्मी छोटी बच्ची है
रानू बोले हमेशा उसकी गुरुर हूं मैं
कुछ नहीं छुपाती हर बात बताती
परिवार में सबकी लाडली हूं मैं
प्यार करती हूं स्वयं की आदतों से
खुद पर बहुत घमंड करती हूं मैं।

" बुलबुला "

गोल गोल मोटा मोटा

नर्म नर्म नाटा नाटा

थोड़ा मैं फूला फूला

मैं हूं पानी का बुलबुला,

बीजवाड़ फोर्ट का प्रांगण

तैर रहा था तरण ताल में

मीनू ने पकड़ लिया मुझे

मैं हूं पानी का बुलबुला,

सर्द मौसम कार्तिक का

सुनहरी धूप दुपहरी की

ठंड ने आजमाया था

मैं हूं पानी का बुलबुला,

रोमांचक गतिविधियां कर

नाश्ता पोहे का फिर कर

पूनिया परिवार नहाया था

मैं हूं पानी का बुलबुला।

" फ्रीज "

ठंडी ठंडी ठंडाई भाए सबको

फ्रीज सभी कहते हैं मुझको

गर्मी सर्दी दोनों ऋतुओं का राजा

हर मौसम का हूं मैं शहजादा,

सब्जी को मैं तरोताजा रखता

दूध को मैं पनीर बनने से बचाता

तपती दुपहरी में शीतलता देता

प्रशीतक नाम से मैं जाना जाता,

ठंडा ठंडा नींबू पानी और जलजीरा

ठंडी ठंडी रसभरी लस्सी को बनाता

मुझसे बनी बर्फ से बनता रंगीला गोला

गर्मी में खाकर मीनू को आनंद आ जाता।

" याद आयो पहलड़ो जमानो "

सारे भाण भाई ध्यान लगाल्यो

गल्ली मिलकी बात करांगा

बूढ़ा बुजुर्गा धोरै सबनै सुणी जो

उण सारी बाता मैं हां भरांगा,

ये सारी ऊं टेम की बात सै

जद हाम टाबर होया करता

चबूतरा पर सारा जणा बैठकी

बुढलियां धोरै बात सुणा करदा,

ऊं टेम आपा सारा ए टाबर

भोला ढोला होया करदा

एक जने की बात सुणकी

सारा ए हास लिया करदा,

जद आपी खेलकी हार जांदा

 नानी की कहानी सुणा करदा

वे भी आपने टेम की बताती

आपी साची मान लिया करदा,

उणकी सुनकी या सोचदा

इतणा थोड़ी टेम बदल गया

आज मीनू नै भी महसूस होया

बात तो सारी ठीक कहया करदा,
उनकी सुनी थोड़ी बाता नै
आज कलम तै लिखरी सूं
के के पहली होया करदा
थारे साथ बतलाण कररी सूं,
गामा मै बिजली कोनी होंदी
चांद कै चांदनै मै काम चलाता
दिन छिपण तै पहली तैयारी करकी
घर का सारा काम कर लेता,
कांच की शीशी नै बनाता लालटेन
ढक्कन मै मौकरो कर लेता
मटिया तेल घाल की शीशी मै
उसकी बाती आल्ली कर लेता,
अंधेरे मै हमनै रास्ता दिखाती
या ए म्हारी ट्यूब लाईट बन जाती
पढ़ाई करणीया भी कम ए होता
पढ़ता वे भी इसे चांदना मै पढ़ता,
रात नै लेट ताई गप्पा मारना आर
लेट ताई जागनो कोनी होता
दिन छिपे सारा काम करकी
तावला ए आपी सो जाया करता,
खुलै, नीलै आसमान कै नीचे
खाट घालकी सोया करता
रात नै चांद तारा नै देखता

आपै आप राजी हो जाया करता,

एसी कूलर जद होता कोनी

फेर भी सिली बाल लागा करती

पेड़ कै नीचे खाट घालकी

पानी छिड़क की सोया करता,

पेडां की पत्ती होले होले हाल्दी

मह कै चांद तारा दिख जाता

रात की हलवी आवाज आती

सुथरा सपना आया करता,

माटी तैं मुंह भरो पातो

जद आपी तड़के उठा करता

आंख मसलता मां धौरे भाजता

तातो तातो दूध पिया करता,

बापू आपा नै नाहण की कहतो

भुण्डा मूंह बणा लिया करता

भैंसा गैल खेल मैं नहांवागा

सोच की ए राजी हो लिया करता,

मोटर चलाकी कुए पर बैठता

होदी मैं गोता लगाया करता

माटी लिप्योड़ी गात नै आपीं

नोजल नीचे धो लिया करता,

ड्राई फ्रूट देखदा ए कोनी

चने भेकीं खा लिया करता

कोल्ड ड्रिंक को नाम ईबे सुनो

लस्सी तैं गर्मी मिटा लिया करता,

लंच डिनर न्यारा न्यारा कोनी होता

मां तड़के रोटी बनाकीं धरया करती

खेलदा कूदता आर चक्कर मारता

गेड़ी मार मार रोटी खा लिया करता,

स्वीट डिश आपणी पताशा होती

बुआ आवती जब लाया करती

ब्याह मंडतो किसेकै तो राजी होता

 क्यूंकि जलेबी ब्याह मैं खाया करता,

 आजकल का बालक तो न्यारा सै

तकनीकी का जानकर होरया सै

आपा तो सीधा साधा टाबर था

थापी गिंडी तैं खेल्या करता,

मोमजामै की पतंग बनाकी

आंधी मैं उड़ा लिया करता

पटाका की जगहां गज बजाता

रहिड़ो जलाकी चस बूझ बनाता,

आपणा तो खेल भी अद्भुत था

सारा दिन राजी रहया करता

याद आयो आज मीनू कै बचपन

पहलड़ा जमाना कितना खुबसूरत था।